按一下這個小黃點，然後翻到下一頁。

很棒！
再按一次小黃點。

太棒了！現在用手指頭輕輕摩擦左邊的小黃點。

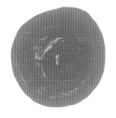  

很不錯喔！現在換摩擦右邊的小黃點。

好極了！接下來在小黃點上按五下。

哇！在小紅點上按五下……

在小藍點上也按五下。

太棒了！現在把書拿起來搖一搖。

很不錯耶！再用力搖看看……

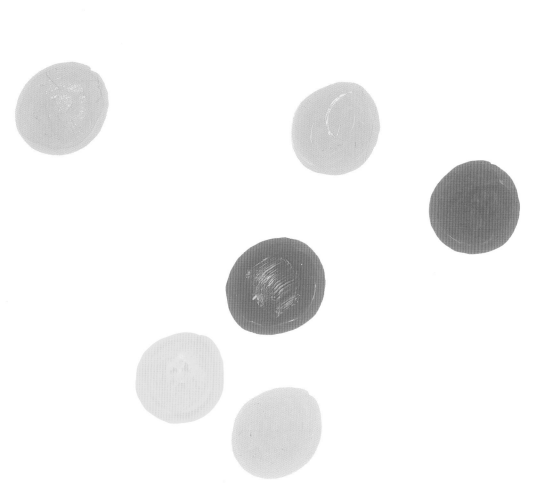

太棒了！現在把書往左邊倒，看看會發生什麼事⋯⋯

接下來往右邊倒，預備，開始！

好極了！現在把書拿起來搖一搖，讓所有的點點排整齊。

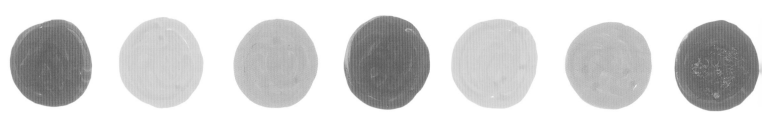

嗯，好整齊！現在用力按所有的小黃點，看看會發生什麼事……

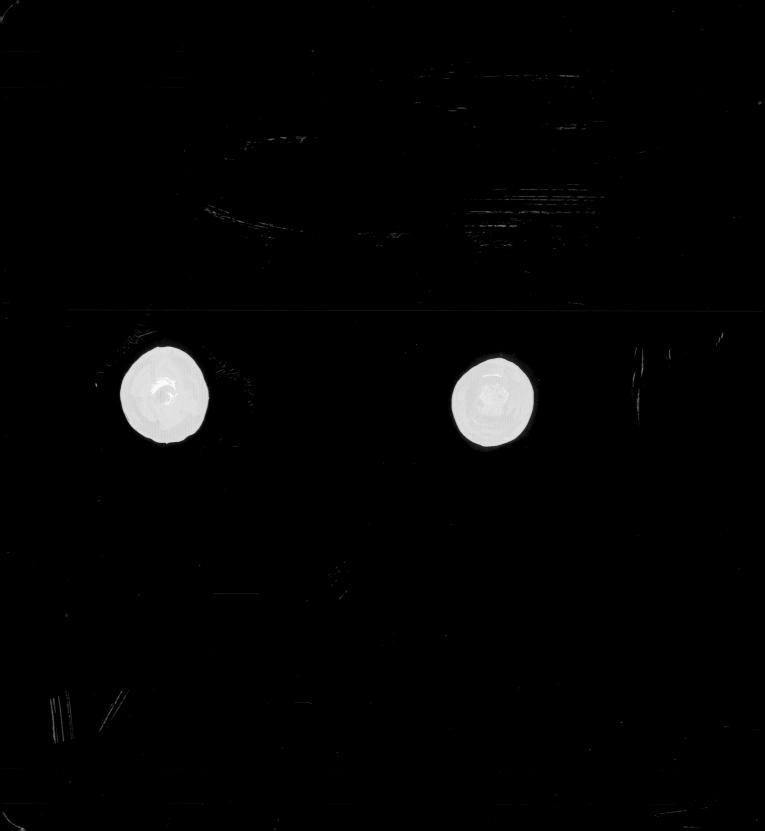

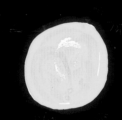

哈，好黑喔！再按一次會亮起來嗎？

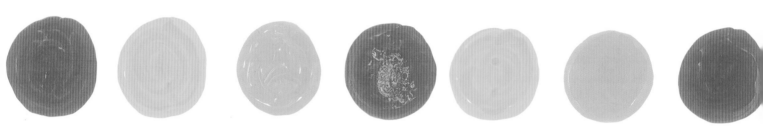

太棒了！（咦！有一個小黃點和別人換位子了，你發現了嗎？）
現在用力的按每一個點點！

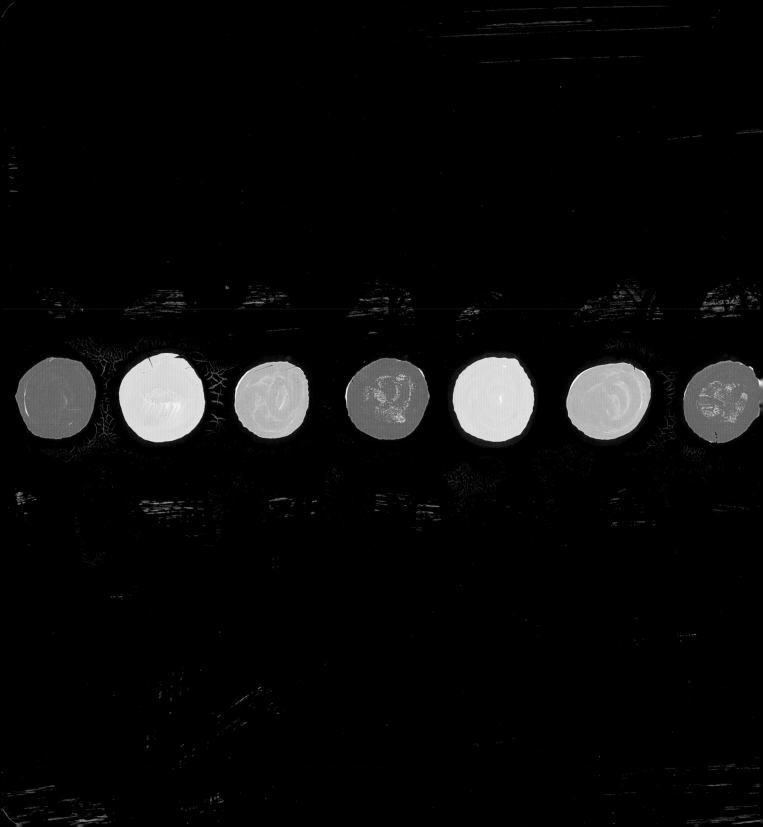

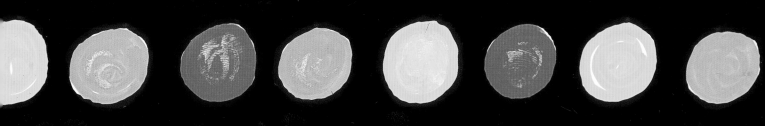

不錯耶！現在輕輕的搖一搖……

很漂亮對不對？
用力吹，把黑色通通吹掉。

好棒！再吹用力一點……

喔喔！好像太用力了！
現在把書立起來，讓點點掉下來。

太棒了！
輕輕拍一下手，看看會發生什麼事……

哇！拍兩下看看？

拍三下？

再拍三下！

來！繼續拍！

還要更多！

太多了！
按一下白色的點點……

你也可以從這一頭出發再玩一次

←⋯⋯⋯⋯⋯⋯

真好玩！要不要再來一次？

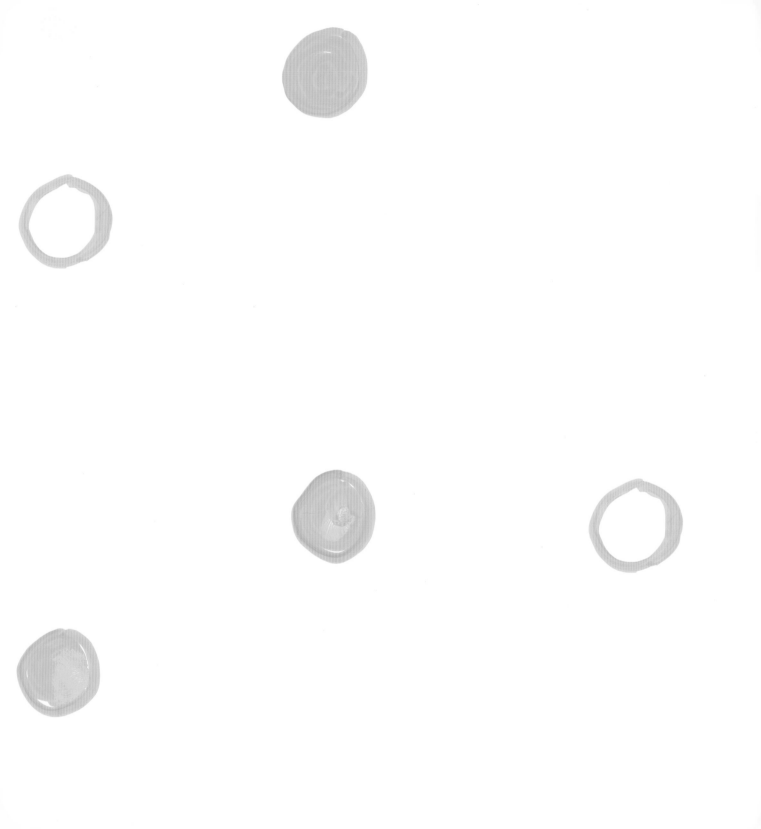

Un livre
Copyright © Bayard Editions, 2010
Complex Chinese translation © Hsinex International Corporation, 2011
All rights reserved

小黃點

文・圖／赫威・托雷　譯／周婉湘

總編輯／廖瑞文　產品企畫／劉維中、曾于珊

執行編輯／陳怡潔　美術編輯／黃鈺佩　生產管理／黃錫麟

發行人／張杏如　出版／上誼文化實業股份有限公司　地址／台北市重慶南路二段75號

電話／（02）23211140〈代表號〉　網址／http://www.hsin-yi.org.tw

客戶服務／service@hsin-yi.org.tw　客服電話／0800-238-038

郵撥／10424361 上誼文化實業股份有限公司　定價／300元

2011年5月初版　2018年5月初版十五刷　ISBN／978-957-762-503-8

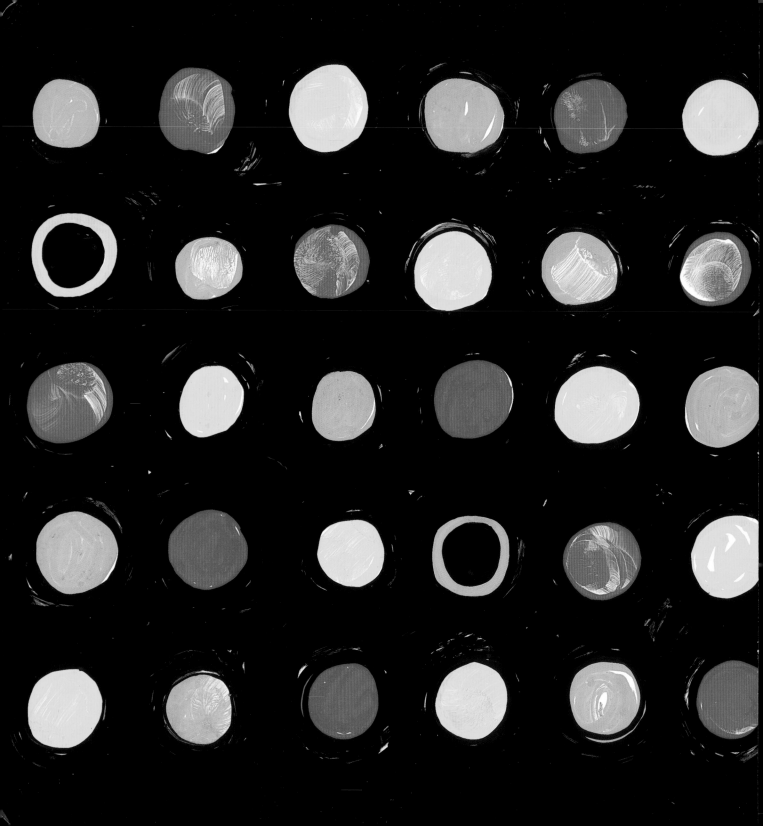